DE LA SOUVERAINETÉ

ET

DE LA REPRÉSENTATION

DU PEUPLE FRANÇAIS;

Par le Citoyen Républicain

CHIEN D'ORLÉANS.

Mordendo, pungendo et ridendo castigat mores.

15 centimes

AU PROFIT DES PAUVRES.

———

CHEZ TOUS LES LIBRAIRES.

1848.

Orléans, Imprimerie de Constant aîné, rue Nationale, 5.

DE LA SOUVERAINETÉ

ET

DE LA REPRÉSENTATION

DU PEUPLE FRANÇAIS.

CITOYENS FRANÇAIS, RÉPUBLICAINS,

Je suis un Chien, c'est-à-dire un ami fidèle de l'homme. Sous tous les régimes, j'ai défendu ses droits basés sur la Liberté, l'Égalité et la Fraternité. Sous tous les rapports je suis Français. Naturellement je ris et je chante, parfois je plaisante sérieusement.

Dieu nous a faits égaux en droits, tous libres, tous frères, tous également ses enfants. L'inégalité physique entre les humains, ne consiste que dans les diverses combinaisons de la matière qui ne sont d'aucun poids dans la balance de la morale.

Comme individus, nous avons des pieds, des mains, des yeux, des oreilles, une bouche, une tête et un cœur ; le tout dans des proportions et qualités différentes. Comme Nation, nous ne sommes qu'un seul être dont tous les membres devraient s'harmoniser. Malheureusement, par suite de nos imperfections individuelles, dans le grand nombre de nos bras, les uns ne font rien et les autres travaillent pour les uns outre mesure ; nous n'avons pas assez de tête, parce que souvent nous manquons de réflexion et de persévérance, et nous avons trop de têtes, parce que trop souvent autant de têtes, autant d'opinions différentes. Il n'en faut pas conclure qu'on doive couper toutes les têtes qui manquent de cervelle ou qui en ont une mauvaise. On en couperait trop. Je craindrais pour la mienne, et je veux pour les autres ce que je demande pour moi. Que l'on donne de la cervelle à ceux qui n'en ont pas, et que l'on guérisse charitablement les malades.

Les souverainetés monstrueuses usurpées, dites de droit divin et autres à masque représentatif, n'existent plus et ne doivent plus reparaître en France ; Dieu l'a dit par la voix du Peuple. La souveraineté réside dans la Nation entière et non dans quelques individus. Elle ne peut être ni vendue, ni donnée, ni usurpée valablement. Tous actes et conventions de ce genre sont radicalement nuls. La force, la ruse et la simple tolérance ne peuvent légitimer ce qui est contre nature. La Souveraineté nationale est indivisible, inaliénable et imprescriptible. La prescription, c'est le droit de ceux qui n'en ont pas; c'est l'injustice légitimée; c'est une monstruosité.

Le peuple entier est le seul et naturel souverain; il doit faire les lois et gouverner. Individuellement, cela est de toute impossibilité; les citoyens ne peuvent agir que par des représentants élus par la Nation entière. Tout le monde aujourd'hui proclame ces vérités fondamentales, même ceux qui naguère usurpateurs de la Souveraineté se la partageaient et nous opprimaient. Ils se disent aujourd'hui nos frères. C'est un mensonge ridicule qui fait rire de dédain pour les fourbes et de pitié pour les niais. C'est le renouvellement des poignées de main du machiavélisme représentatif. Dans leur intérêt et par pudeur, qu'ils se bornent à ne plus se montrer les ennemis du peuple. Ils osent nous offrir leur concours pour conserver la Liberté, l'Égalité et la Fraternité, eux qui ne savaient et ne voulaient conserver que les abus contraires. Ils se moquent de nous. Ils veulent nous escamoter la conquête de 1848 comme celle de 1830. Ils nous croient donc complètement dépourvus de mémoire! Je conviens avec eux que l'union fait la force;

mais pour s'unir il faut la compatibilité. Peut-elle exister entre la cruauté fourbe et la fidélité amie de l'humanité, entre les loups et les chiens? Le souverain berger peut-il confier aux loups le troupeau national? Non! les faire entrer dans l'Assemblée constituante, ce serait vouloir la continuation de la tyrannie et de la corruption. Ils nous donneraient une constitution aristocratique. Ils voudraient, eux représentants, des pouvoirs illimités. Ils voudraient être des arbitres suprêmes, des petits rois, des petits dictateurs, mus par leur intérêt personnel et non par celui de la Nation. Nous aurions l'absolutisme de plusieurs centaines de petits tyrans s'engraissant ou s'entretuant à nos dépens.

Les représentants doivent être tout simplement les mandataires de ceux qui les auront élus. Le texte de leur mandat, c'est leur profession de foi. Ils doivent le remplir fidèlement. Tout ce qu'ils feraient contrairement serait radicalement nul. Ce n'est pas leur volonté variable qu'ils doivent exprimer, c'est celle de leurs mandants. Ils ne doivent être que les instruments de la Nation et non ses maîtres. Ils doivent voter ostensiblement pour prouver qu'ils ne sont pas des mandataires infidèles. De cette manière, ils n'auront pas besoin de s'alambiquer le cerveau pour faire des comptes-rendus.

Avant la fin de la session, les mandants sauront à quoi
s'en tenir sur le compte de leurs mandataires, et si ces
derniers méritent d'être réélus. Tout candidat doit donc
s'obliger à voter ostensiblement, car on peut parler
pour et voter contre. Un mandataire de bonne foi peut
se tromper; mais un mandataire ne doit avoir ni le droit
ni les moyens de tromper son mandant. Dans une République, il faut franchise et courage. Voter secrètement,
c'est être un traître ou un lâche.

Si ceux qui n'acceptent la République que comme une
nécessité sont élus constituants, ils établiront plusieurs
degrés d'élections, des conditions de cens et autres,
des catégories, des classes. L'élection doit être directe,
car les électeurs des premiers degrés ne seraient pas
réellement représentés; il n'y aurait que ceux du dernier qui le seraient. Pour que chaque Français soit re-
présenté autant que possible, il doit choisir lui-même
son représentant. Le cens et toutes conditions restrictives
violent la Liberté et l'Egalité. Les catégories détruisent
la Fraternité; elles divisent les Français. La République
doit être une et indivisible. Il ne s'agit pas de représenter des classes, des corporations luttant les unes contre les autres. Il ne s'agit pas non plus de représenter des
communes, des cantons, des arrondissements, ni des

départements. Il s'agit de représenter tous les Français comme peuple, abstraction faite de toute considération autre que celle du salut de la République, puisqu'elle est la chose publique, la propriété de tous, l'intérêt commun, dont la nature est de garantir la propriété et l'intérêt de chacun contre le cupide intérêt de quelques-uns.

Le peuple entier doit faire la loi; elle doit être l'expression de sa volonté; mais, comme tous les Français ne veulent pas exactement la même chose, il est évident que la loi doit être l'expression de la volonté de la majorité réelle des Français. Pour connaître cette majorité, il faudrait que tous les individus qui composent le peuple français pussent être électeurs; mais cela est impossible. D'abord les mineurs ne le peuvent pas, et ils forment plus de la moitié de la population. Ensuite, les mâles étant les plus forts et ayant seuls combattu, les femelles ne peuvent aujourd'hui entrer en lice et choisir leurs représentants ; ce qui serait pourtant assez juste, car elles ont souvent des intérêts opposés à ceux des mâles. Provisoirement elles n'auront pas de voix dans les élections, malgré leur besoin de parler. Ainsi encore une réduction d'environ la moitié des majeurs. En définitive, les mineurs seront représentés par leurs pères, tuteurs et subrogés-tuteurs, les femmes par leurs maris, les filles et les veuves par leurs parents ou par leurs amants. Il en résultera que les électeurs, citoyens actifs, formeront à peine le cinquième de la population. Quant aux citoyennes actives, elles pourront, comme sous tous les régimes, cluber et se donner des droits et libertés, sans consulter les citoyens.

Je me fais une question sur laquelle il semble que personne n'a réfléchi. Combien chaque citoyen actif, électeur définitif, aura-t-il de voix dans les élections ? Autrement, combien aura-t-il de mandataires ? Mon gros bon sens de chien me dit que chaque électeur ne doit avoir qu'un représentant ; que chaque représentant doit valoir tous ceux dont il est le mandataire ; que la majorité des députés ne représente pas toujours la majorité des Français ; que l'on doit compter les représentés et non les représentants ; mais c'est à l'assemblée constituante à statuer sur tout cela. Il faut donc la former le plus tôt possible, et ensuite exprimer nos vœux par des pétitions.

Je reviens donc à la plus importante de toutes les questions : Qui doit-on nommer pour députés ?

L'on nous dit : La République est aujourd'hui acceptée par tous les Français. C'est une erreur de la part des uns, et de la part des autres c'est un mensonge. Il existe en France trois partis principaux : 1° l'Absolutisme de prétendu droit divin, aristocratie de la naissance, de la superstition et de l'orgueil; 2° l'Absolutisme du machiavélisme, aristocratie de l'intrigue et de la corruption, la pire et la plus égoïste de toutes les aristocraties; 3° et le Républicanisme qui ne veut d'aucune aristocratie, et qui ne peut s'appuyer que sur la probité et l'humanité.

Les absolutistes de chaque espèce osent dire qu'ils acceptent la République; mais c'est comme nécessité, contre leurs convictions, malgré eux; d'où la conséquence toute naturelle qu'ils s'en débarrasseront le plus tôt qu'ils pourront. Donc, s'ils embrassent la République, c'est pour l'étouffer; s'ils veulent entrer dans nos rangs, c'est pour nous diviser. Le simple bon sens l'indique. Peut-on supposer qu'ils renonceront à nous rendre esclaves, à nous tondre et à nous mettre à leur boucherie ? qu'ils veulent sincèrement la Liberté, l'Egalité et la Fraternité ? qu'ils consentiront à payer les impôts en proportion de leur fortune ? qu'ils supprimeront ceux qui frappent sur le travailleur et non sur le riche oisif, impôts inventés par les tyrans antiques et rétablis, sous de nouvelles dénominations, par les tyrans modernes ? Non ! ce sont des loups qui viennent à nous couverts de peaux de moutons ; ce sont des faux frères. Il y a de leur part mensonge et folie ; car les républicains ne se laisseront pas tromper par les hypocrites qui dans tous les temps ont été les ennemis du peuple. Nous devons exclure de l'Assemblée nationale tous ceux qui se sont montrés les ennemis de la Liberté, de l'Egalité et de la Fraternité ; car ils nous mettraient dans la nécessité de recommencer le combat avec eux, et ce serait alors une guerre à mort.

Donnerons-nous notre confiance, nous livrerons-nous à ces aristocrates qui veulent reprendre leurs priviléges de prétendu droit divin, profanes ou sacrés, qui n'ont rien oublié et rien appris ; à ces intrigants corrompus dont le cœur est un lingot, vampires qui ne doivent leur embonpoint qu'à la maigreur des travailleurs ; à ces magistrats et fonctionnaires civils ou judiciaires, dont la conscience est dans une bourse, qui faussent les lois, qui y substituent leurs vénales volontés de coterie, d'orgueil et d'incapacité ; enfin à tous ces hommes qui nous écraseraient sous les impôts pour s'en partager le produit, sans s'inquiéter de la misère du peuple ? Non ! choisissons des hommes qui se sont toujours montrés les défenseurs de nos droits, qui sont véritablement nos frères, qui ont fait preuve de leur amour pour la sage Liberté, la juste Egalité et la sainte Fraternité.

Nous avons conquis la réforme électorale. Sans elle nous ne pouvions obtenir la réforme législative, la réforme administrative et la réforme judiciaire (1). Pour que la République ait vie et force, il faut qu'elle soit saine, il faut que des remèdes doux détruisent partout la corruption dont le corps social a été gangrené.

Méfions-nous de ceux qui n'acceptent la République que pour la dénaturer et conserver sous son nom tous les abus. Républicains sincères, nommons des Républicains sincères !

------

(1) Lors de la révolution de 1830, on a demandé la réforme de l'ordre judiciaire, lequel pourtant n'avait pas été composé et modifié par un Gouvernement aussi corrupteur que celui qui vient d'être renversé, et je suis payé pour la demander aujourd'hui. Pour avoir parlé et écrit trop franchement et librement, les juges nommés par le roi Louis-Philippe, en substituant leurs volontés à celle de la loi, m'ont envoyé deux fois en prison, malgré ma prose et mes vers en l'honneur du roi des Français. Je n'ai pas à me plaindre de tous les juges, il y en a de bons. Au premier degré de juridiction, il y en avait un qui ne me trouvait pas coupable de ce dont on m'accusait, et deux seulement qui me condamnaient. En appel, il y en avait deux pour

m'acquitter et seulement quatre pour me condamner. Aussi à chaque fois mon affaire était réglée d'avance. En somme, je crois que dans l'ordre judiciaire il y en a un tiers bon, un tiers mauvais et un tiers ni bon ni mauvais, d'une nullité absolue.

Puisque mes compliments à sa majesté Louis-Philippe ont été pris pour de l'ironie ou tout au plus pour des conseils de mieux faire, très déplacés dans la gueule d'un chien, on voudra bien me permettre de les reprendre.

En conséquence, je prie ceux qui ont mon *Inondation de 1846*, 1re et 2me éditions, d'y faire les changements suivants :

Au lieu du dernier vers de la page 16, il faut :

Quand de la nation la noble humanité,

Modifier ainsi les 2e, 3e et 4e vers de la page 19 :

Est dans la nation. Malgré ton artifice,
L'on récompensera ceux qui l'ont mérité,
L'on n'approuvera pas ta basse iniquité.

Changer le 2e hémistiche du 8e vers de la même page et lire ainsi :

Adorez le Très-Haut et respectez la loi.

Enfin, au lieu des trois derniers vers, il faut :

Ils sont dénaturés par de vils scélérats.
Dieu, c'est la Liberté, l'Honneur et la Patrie,
Trinité que toujours les Français ont chérie ;
La Loi, c'est le contrat que Jésus a dicté,
L'Egalité des droits et la Fraternité !
Aimer, pour Dieu, son frère est son précepte unique ;
Il fut républicain. Vive la République !

LA LIPPE.

1831.

Air du vaudeville de l'Opéra-Comique.

Fi! lippe, tu nous enlaidis,
Tu nous causes dommage extrême ;
Pour toi les cœurs sont refroidis
Quand tu ne fais rien pour qu'on t'aime ;
Car un laid n'a pas le malheur
De se voir toujours pris en grippe ;
A la largesse, à la valeur,
  On ne dit pas : Fi ! lippe !

Oui, lippe, tu gâtes les traits
D'une aimable et noble figure ;
La grimace que tu nous fais
Annonce parfois un parjure.
Pour tous, citoyen, prêtre, roi,
Le vrai seul est le bon principe !
Il faut être de bonne foi !
  Haine aux traîtres ! Fi ! lippe !

Aux amis de la Liberté
On ne doit pas faire la moue.
Nous aimons la sincérité ;
Il ne faut pas que l'on nous joue.
A tous les droits, comme aux impôts,
Que chaque Français participe !
Laissons grimacer tous les sots ;
  Moquons-nous de leur lippe !

De l'homme je défends les droits
En faisant un arc de ma lyre,
Et sur la corde, entre mes doigts,
Momus place un trait de satire.
Qu'il me donne donc un docteur
Pour me préserver de la grippe
Qui fait faire à plus d'un chanteur
    Une vilaine lippe.

De la femme aussi je voudrais
Que l'on détruisît l'esclavage ;
Dans l'hymen je désirerais
Un mutuel et doux servage.
Brisons les fers de la beauté ;
Autant que nous qu'on l'émancipe,
Et que la sage Liberté
    Fasse aux tyrans la lippe !

Trinquons avec l'homme lippu
Pour qu'il ait la mine riante ;
Mais chassons l'homme corrompu
Et le courtisan sycophante !
Moquons-nous d'eux ! Fi ! lippe ! Fi !
La raillerie est mon principe ; (1)
De moi que l'on se moque aussi
    Et de ma sotte lippe !

---

(1) Je pense que l'on doit se contenter de railler les mé-
chants, plutôt que de leur rendre le mal pour le mal.